AF193262

Círculo Rojo
EDITORIAL

Tierra, vida y sangre

Tierra, vida y sangre

RAÚL TORREJÓN FERNÁNDEZ

Círculo Rojo
EDITORIAL

Primera edición: septiembre 2024

Depósito legal: AL 2332-2024

ISBN: 978-84-1082-508-6

Impresión y producción: Editorial Círculo Rojo

© Del texto: Raúl Torrejón Fernández
© Maquetación y diseño: Equipo de Editorial Círculo Rojo
© Ilustradora de la portada, contraportada y la mayoría de las ilustraciones del libro, pertenecen a Jessica Valentín Romero.
Las ilustraciones de las páginas, 75, 84, 102, son obras de Josué Biarnes Del Amo.
© La corrección ortotipografíca y la creación de un texto único, fue llevada a cabo por Pedro Daniel Martínez C.

Editorial Círculo Rojo

www.editorialcirculorojo.com

info@editorialcirculorojo.com

Impreso en España - Printed in Spain

ÍNDICE

PRÓLOGO

Tierra, vida y sangre es una singular obra, en su mayor parte en prosa poética, que trata de todo tipo de asuntos vitales.

Tierra porque habla de la tierra donde el autor nació y crió, habla sobre ella con ternura y cariño, dedica ciertos poemas a sus gentes,destaca la belleza e importancia que tienen para él, su hogar y su ciudad y barriada.

Vida porque habla de su vida anterior y de la actual,marcada por el arte de la escritura,por problemas, algunos de ellos sin solución ni tregua, una vida marcada por el amor, aunque después se torne en un inmenso dolor.

Sangre porque en el se habla de la sangre que comparte con otros,aunque sea a veces en forma de reproche o de replica, muestra su amor por los suyos.

Y sangre porque en muchos poemas habla de la dificultad de su profesión, habla de las musas, del duro trabajo, del trabajo constante y cada vez menos valorado, habla de su pasión por la escritura, por la pasión de narrar su propia historia.

por Raúl Torrejón Fernández

A VOSOTROS

Este proyecto pasó por algunas manos, manos tiernas, manos bondadosas y sinceras.

Una de esas manos fueron las de mi mejor amiga, Mónica era su nombre, digo era porque el destino me la arrebató para siempre. Ella vio parte de estos poemas, antes habían pasado por sus manos todas mis anteriores obras. Era una ávida lectora y una buena crítica, con ella se han ido por siempre secretos, mutuos y propios. Se han ido anhelos, viajes futuros, vacaciones juntos, tardes de risas…, se han ido tantas cosas. Ahora solo me queda homenajearla y recordarla tal y como fue, valiente, intrépida, para ella no existían barreras, ni obstáculos.

En definitiva fue mi mejor amiga durante veinticinco años.

También he de mencionar a Ascensión o más conocida por donde vivo como Asun, ya que ella al igual que Mónica, ha leído siendo crítica con mis textos, dándoles un nuevo enfoque, una opinión diferente.

Tengo que mencionar también a todos los que han participado de un modo u otro en este proyecto, Pedro, Jessica, Josu, son los colaboradores directos, los indirectos fueron todos aquellos que me escucharon y aportaron su opinión, y con ella una lluvia de ideas. Sin ellos hubiera sido inviable.

877

877 han sido las lágrimas que me costaron para engendrar mis obras.

877 las noches de insomnio por las que he pasado.

877 los desplantes sin miramientos a los que fui sometido.

877 los problemas que de repente me sobrevinieron.

A muchos de vosotros que escribís y leéis para disfrutar, os parecerá ridícula esta observación, pero a mí como a muchos otros escritores que escribimos llorando en lo más hondo de nuestro ser, cada página en blanco rellenada por letras y frases inventadas, es como si a uno se le desgarrase el alma por pedazos, cada pedazo es una hoja escrita, cada poema llama a la esperanza inmersa en su propio calvario.

Podéis reíros a mi costa porque, para vosotros, que no valoráis el esfuerzo ni los sentimientos ajenos, solo veis el triunfo del trabajo, en lo llena que os queda vuestra cartera después de haber vendido miles de ejemplares en un solo año, con la ley de el mínimo esfuerzo.

Yo en cambio de todos mis libros solo he vendido 877.

Pero para mí y para el esfuerzo que me ha costado crearlos y difundirlos, me parece una cifra cien veces mayor ¿sabéis por qué?, porque esa cifra modesta la he conseguido a golpe de disgustos, ilusión y empeño.

A MENUDO ME PREGUNTO

A menudo me pregunto, me cuestiono,
sobre el sentido de mi existencia.

Como todos los seres humanos,
me interrogo a mí mismo sobre todo.

No encuentro una respuesta fija,
nada permanece intacto al tiempo.

El tiempo y las circunstancias,
acabaron por crearme.

El amor y el sexo me crearon,
pero nunca me contaron su historia.

Bajo la presión de no tener
una figura masculina
en la que verme reflejado,
crecí siendo el último hijo,
hermano de cinco hermanas,
conviviendo con ellas y mis
abuelos maternos y mi madre.

La infancia fue muy dura,
con muchos fracasos y decepciones,
nunca cambié de domicilio,
ni de calle, ni de barrio o ciudad.

Mi adolescencia fue peor,
las primeras frustraciones,
el primer amor no correspondido,
la primera relación fatal.

En el transcurso de mi vida,
los problemas han ido en aumento,
no por ello ceso en mi lucha,
aunque a veces desearía no estar,
preguntándome siempre, el sentido
de estar vivo sin, a veces, tener
ganas de experimentar el milagro,
el milagro que supone el estar vivo.

ASCENSIÓN

Ella es la pieza fundamental para completar mi puzle vital.
Ella es la principal responsable de que escriba y publique.
Tiene unos valores humanos que son impresionantes.
Cuando cree que alguien merece la pena, lo da todo.
Mi estima casi infinita viene dada de su infinita paciencia.
Lo mismo te insulta descaradamente que te piropea.
Ella ha vivido cuando mi abuelo, mi madre y mi amiga,
fallecieron en poco tiempo, ella fue la que les hizo
las coronas y los ramos de difunto.
Ella fue a la que siempre compré rosas negras
para un amor y rosas rosas y rojas, tanto para un error,
como para el ser que me dio la vida.
Ella es el ser más especial que conozco, sin ser de mi sangre,
ha hecho mucho más en menos tiempo, que muchos de los
que han presumido compartir mis genes.
Es el único ser en la faz de la tierra, que realmente me conoce.
Es el ser al que prácticamente le debo mi actual forma de ser.

AUNQUE QUISIERA

Aunque quisiera darte todo lo que no te dí,
aunque quisiera quitarte todo lo oscuro
que te impuse durante un tiempo,
no podría pagarte lo que hiciste por mí.

Primero y ante todo agradecerte con mis vivencias de a diario,
todo por lo que te expusiste al quedar en estado de buena
esperanza y traerme al mundo, con un futuro
incierto para ti y sabiendo que me traías
a un mundo, donde en ocasiones
vería el cielo entre mis manos y otras
el más desolador y abrasador infierno.

Tú intuías que yo dejaría de verte, de acariciar
tus manos y mejillas.

Sabías que por eso
que se llama "ley de vida"
tus ojos pasado un tiempo, no me mirarían.

Que tu boca no me llamaría.

Que tu voz se perdería en un tenue
y doloroso recuerdo.

GRACIAS, por privarte de una vida nueva
con un esposo, por mí y por mis hermanas.

GRACIAS, por ser la mejor madre
que pudiese imaginar.

GRACIAS, por dejarnos caminar y recoger
nuestros pedazos cuando estábamos rotos.

GRACIAS, una vez más por darnos todo
sin esperar nada a cambio más que amor.

CAFÉ CON LECHE Y CERVEZAS

Un café con leche le dice al otro café con leche,

-Tú no sabes jugar a ese juego, ese juego es para afeminados, este juego es para machos.

Una cerveza le dice a un cortado con sacarina y canela,

-No sé para que vas al gimnasio, estás muy gordo, deberías plantearte hacer más deporte y comer menos.

El café con leche le dice al otro café con leche,

-No puedo parar de jugar, porque me divierte y me lo paso guay, además yo soy un machote.

El cortado con sacarina y canela le dice a la cerveza,

-Yo no voy al gimnasio para adelgazar, me gusta como estoy, voy para estar activo y ganar en agilidad.

Otra cerveza le dice al cortado con sacarina,

-Te veo bien, no como yo estoy ahora, y respondiendo a la anterior pregunta, te digo que tienes un comportamiento la mar de normal, loco y tonto es quien te tenga por alguna de las dos cosas, o las dos cosas juntas.

El cortado con sacarina le dice a las dos cervezas y a los dos cafés con leche.

-Sabéis que se me acaba de ocurrir el titulo de mi última obra escrita se titulará "Las conversaciones de un par de cervezas con dos cafés con leche y un cortado con sacarina y canela" ¿original, verdad?

CAMBIOS

De entre todas las miserias
nacen las grandes gestas.
De entre esas gestas
surgen las grandes obras.

De todas las miserias
putrefactas de la humanidad,
han surgido los
cambios.

COMO SI JAMÁS TE HUBIERAS MARCHADO

Cómo te he echado de menos,
jamás te noté de más.

Tú me diste el regalo
más valioso, el amor
y la vida, qué más puedo pedir,
porque sabías que lo agradecían todos.

Tus palabras no cayeron en saco roto.
Tus deseos fueron órdenes para nosotros.
No fallaste jamás a nadie.
Tu caminar por bello fue firme,
pero no arrastraste a nadie por el camino.

Tus actos fueron nobles.
Tu voz un regalo de los dioses.
¿Qué daría por oír la voz de tus labios?
¿Qué haría por estar otra vez contigo?

El tiempo y el destino se han unido
para borrarte del camino.
Pero mi corazón obstinado, salvaje y apasionado,
no esa de sentirte, como si jamás te hubieras marchado.

CONFABULACIÓN

Todos tienden a ser uno solo,
yo odio la soledad.

Mientras todos tienden a ser
únicos, irrepetibles y genuinos,
yo sé que no hay otro yo
igual a mí.

El mundo entero parece
confabularse en contradecirme.

En cambio muchas veces
me traiciono y contradigo yo mismo.

No puedo escapar a mi final
lo sé, no podré evitar mi extinción.

Hay personas en cambio
que piensan que su final
jamás llegará.

CRISTIAN

Mientras ella estaba debatiéndose entre la vida y la muerte en una U.C.I. de un hospital de Barcelona, él se torturaba con el pensamiento, obcecado en lo injusto que había sido con ella.

Como amigos se habían peleado infinidad de veces, como personas se habían tirado de los pelos mutuamente en más de una ocasión, pero siempre volvían al mismo punto, eran amigos.

Por un lado estaba Cristian, que siempre había sido un tanto miedoso, payaso y paranoico; cuando no la liaba y sabía comportarse, era un encanto de persona.

Por el otro estaba Isabel, que era la más cuerda de los dos, pero también la menos social. Odiaba las grandes aglomeraciones, se reunía solo con uno o dos amigos, tenía un amor incondicional hacia los animales y a la vez cierto resquemor con las personas; era borde y estúpida a la vez que un tanto insípida; su gran sueño era viajar por los cinco continentes, ya fuese en barco o en avión.

Hacía mucho tiempo que se conocían, trataban y hasta peleaban. Todo sucedió cuando Cristian se hizo novio de la mejor amiga de Isabel, Marta, que era realmente emprendedora (montó una peluquería unisex con tan solo veinte años de edad).

Cristian era un joven y prometedor poeta y ella una incansable defensora de la poesía y casualmente también ejercía de poetisa.

Fue en un recinto donde compartían y se reunían varios poetas de distintas edades, pero casi todos tenían una edad ya senil. La primera impresión que tuvo Cristian de Marta, era la de que ella estaba fuera de onda y que no encajaba con aquel lugar. La de Marta fue que él era un maleducado por escuchar música en sus auriculares, mientras los demás leían textos propios.

CUANDO CAEN LAS HOJAS

Cuando caen las hojas
recuerdo tu rostro, salvaje.

Como la niebla en la selva,
como el agua en las flores,
como todo aquello que invade el espíritu.

Cuando remarcas tu paz interior,
yo remarco mi guerra interior.

Porque no consigo entenderte,
no consigo acercarme a ti;
no consigo que llegues a mí.

Deseo con tantas fuerzas que tú seas mía.
Mía en sentido de que siempre
quisiera disponer de tu cariño,
tus palabras, tu consuelo, lo pueda hacer.

Pero la realidad es más cruda
que la imaginación y la imaginación
no llega dónde llega la realidad.

Entonces me veo solo
apartado en un rincón,
en medio del bosque con fieras acechando,
con llamas quemando mi cuerpo,
rozando mi piel.

Tú querías un destino cruel para los dos
si no podíamos estar juntos,
el destino cruel ha sido para mí,
no para ti, porque tu eres feliz junto a otra persona.

En la tarde de estío, en la tarde de invierno,
en la tarde de otoño y primavera,
en un atardecer cualquiera, recuerdo que eres un estigma,
un tabú, una cosa prohibida, algo que no me pertenece,
ni me perteneció nunca.

Ahora que te tengo a mi lado, ahora que te estoy mirando,
me doy cuenta de que nunca fuiste mía.

CUANDO ÉRAMOS NIÑOS

Cuando éramos niños, jugábamos sin maldad.
Las familias no tenían ni un real y
sin embargo nos conformábamos con nada,
unas canicas, unas cuantas chapas, una peonza,
un patinete e incluso una simple tiza blanca.

Dejábamos volar la creatividad, nos inventábamos
juegos como el escondite, cantábamos y reíamos,
hoy en día todo se ha perdido, las prisas, el estrés,
que los padres y los abuelos no se molesten
tanto en educar con el acto de jugar.

Todo lo hemos cambiado por un móvil, una tableta
o un ordenador portátil. Los niños, muchos de ellos,
son adictos a los videojuegos, a la pornografía,
a la violencia injustificada y nosotros lo permitimos
muchas veces por falta de tiempo y paciencia.

Cuando éramos niños el sexo era prácticamente
un tabú, yo creo que los niños de hoy en día
saben demasiado de todo y no saben de nada.

Tantos caprichos, tanta permisividad y tantas cosas
no hacen ningún favor a las nuevas generaciones
ni despierta en ellos la inocencia, la felicidad,
el compromiso con sus propias personas,
ni son capaces de crear algo realmente propio;
hay grandes excepciones, pero cada vez son menos.

También hay abuelos y padres que con amor educan
a través de los juegos, de las canciones y los cuentos,
eso para mí no tiene precio, pues un juego limpio y puro
siempre trae como consecuencia una mente bien sana.

CUANDO LA IMAGINACIÓN ECHA A VOLAR

Cuando la imaginación echa a volar,
viajamos a cualquier lugar,
somos los héroes de nuestra historia,
nos planteamos situaciones inimaginables.

Cuando la imaginación echa a volar,
soñamos estando despiertos,
hacemos cosas que antes eran impensables,
creamos un mundo paralelo a la realidad,
nos evadimos de cualquier conflicto,
amamos con la fantasía y la ciencia ficción.

Hacemos realidad, aunque sea por un momento,
todo aquello que no somos capaces de hacer
en nuestras vidas monótonas y aburridas.

CUANDO LA IMAGINACIÓN VUELA

Cuando la imaginación vuela,
nosotros volamos con ella.

Todo lo que nos agobia,
queda obsoleto a su lado,
todo mal se alivia.

Cuando la imaginación vuela,
podemos ser los héroes
de nuestra propia historia.

Con la imaginación se ha creado
el arte humano, la música,
la pintura, la escultura, la danza,
la escritura y todas sus variantes;
fueron creadas, y han sido desarrolladas
con un gran ingenio, talento
y por supuesto su materia prima,
que no es otra que una gran imaginación.

Los grandes inventos, al igual
que los pequeños y cotidianos,
también necesitaron de ingenio
y de una gran dosis de imaginación.

Por imaginar, imaginamos hasta
como son nuestros sentimientos,
hacia los objetos, propiedades,
pero también hacia las personas,
los animales y la naturaleza.

El amor es sugestión e imaginación.
Lo que sentimos cuando nos enamoramos
es en muy buena parte pura invención,
creemos saber qué sentimos y también
creemos saber qué siente la otra persona,
aunque con el tiempo, cuando la imaginación
está ausente, nos damos de frente con la realidad.

La imaginación puede ser negativa,
podemos imaginar un problema que no existe,
imaginar una enfermedad, envidias inexistentes,
incluso imaginar una muerte.

El cerebro humano necesita soñar,
los sueños forman parte de nuestro descanso,
sin ellos, nada nos funcionaria bien.
¡Qué es si no la vida, sino sueños!

CUÁNDO LLEGARÁ LA PAZ

Cuándo llegará la paz
a mi historia,
a mi memoria,
a mi colectivo cuerpo,
a mi colectiva mente,
a mi individual alma,
cuándo llegará el sosiego, la calma.

Cuándo, cuándo
estaré tranquilo,
descansando en mi casa,
en el paseo, en cualquier lugar.

Cuándo, cuándo
llegará la calma,
solo hay guerras interiores en mi,
guerras exteriores,
guerras frías, guerras de todo tipo.

Solamente quieren darme guerra
y yo no quiero ninguna guerra,
quiero paz,
quiero sosiego,
quiero calma,
quiero dicha,
quiero alegría.

Quiero sentirme vivo,
sentirme vivo todavía,
porque soy joven,
porque tengo toda una vida
por delante, en teoría.

Quiero, quiero
saber qué se siente al ser feliz,
sentir algo de una vez,
sentirme feliz,
porque creo que en toda mi vida
no he sido feliz, ni por un instante.

Quiero, quiero
ser yo mismo,
no depender de nadie,
no aceptar las críticas que me destruyen,
no aceptar las opiniones que me debaten.

Quiero ser libre,
quiero tener un alma poderosa,
poderosa en libertad,
en expresión,
en todo lo que abarca el alma.

Quiero felicidad, dicha, sosiego, calma.

Quiero, quiero, quiero.

CUANDO ME LEAS

Aunque tú y tu séquito no creáis en mí,
pese a que nunca confiasteis en mí,
lo cierto es que siempre he superado
tus expectativas, tanto en lo bueno,
como en aquello que te perjudicaba.

Tú no pensabas que retomase el arte
de escribir mi historia.

Te dedicas a criticar mi obra
pese a no haber leído ni un renglón.

Dices que lo que yo hago
no vale para nada.

Piensas que soy un escritor fracasado
de cuarta categoría.

Cuando tengas las ganas de leer,
concretamente uno solo de mis libros.
y criticar a propósito de lo leído,
entonces podrás tomarte la licencia
de juzgar si soy bueno en aquello
que me apasiona, o por el contrario
carezco de arte en hacer lo que hago.

CUANDO NO

Cuando no encajas en el puzle
de esta injusta y selectiva sociedad,
todo parece irte en contra y
el viento no cesa de darte golpes.

Cuando no tienes nada a favor y
depositaste tu tiempo y confianza
en personas que nada tuyo querían,
te devuelven el favor con desprecio.

Cuando te das cuenta de que tú
aportas más que el resto de tu entorno
y de que tus actos son puros y nobles,
seleccionas mejor a las personas
que de un modo u otro estarán presentes
en la huella que dejas en tu estela.

CUANDO QUIERAS

Cuando quieras te demostraré lo que realmente tiene valor.

En primer lugar está el RESPETO,
sin él es imposible cualquier tipo de convivencia.

En segundo la PACIENCIA,
pues solo un ser paciente
logrará todos sus sueños y creará una vida tranquila.

Ahí va el tercero, el CARIÑO,
pues el tener apego a las personas
y a las cosas siempre es bueno,
y nos permite echar raíces y nos empuja a querer y querernos.

Después está la AMISTAD,
pues si no tienes a alguien con quien salir a pasear,
ir de vacaciones o simplemente tomar café,
puede llegar la persona a tal punto de soledad,
que puede volverse ermitaña o bien difícil al trato.

Por último está el AMOR,
en cualquier forma que se ame.

El AMOR cerrará y cicatrizará cualquier herida.
El AMOR dará sentido a cualquier vida.
El AMOR te dará la libertad y el coraje
para emprender el camino del bien.

Por AMORahuyentarás a las fieras
cuando quieran dañar tu mundo, ese universo
que has creado únicamente dando AMOR,
recibiendo AMOR, pensando en AMOR.

CUANDO SE EMPIEZA A SOÑAR

Cuando se empieza a soñar todo cobra sentido.
El impulso que da un sueño por cumplir,
no lo da ninguna desilusión.

Cuando se empieza por tener metas y objetivos,
todo tiene un porqué y un cuándo,
un dónde y con quién.

Cuando a tus sueños se unen personas,
dejas de soñar solo para ti mismo
y empiezas a soñar en común.

Si el camino es difícil para uno,
para dos o tres lo es todavía más.
Pero la sensación de libertad es absoluta
cuando el compañerismo y la diversidad
de pensamientos, opiniones y sentimientos,
se multiplican por doquier.

Cuando alguien esté dispuesto a hacer camino
contigo, no le niegues nunca la entrada,
porque el que era tu sueño individual
ahora os pertenece a ambos.

Será un sueño hermoso, grande, genuino.
Será un sueño siempre, un sueño de todos.

DÓNDE QUEDARÁN

¿Dónde quedarán los versos de amor?
¿Dónde se encuentra todo el sentimiento desbordado?.
El sentimiento no se ha ido, sino que se ha confiado.
Versos de amor que quedarán para siempre desterrados.

¿Cómo puedo recordar cómo eran, si mi corazón los destruyó?
Seguro que eran versos pasionales e íntimos.
O por el contrario espirituales, explicando un amor idealizado.

Solo recuerdo que en un ataque de rabia, los rompí y quemé.
Ahora me arrepiento porque mi corazón no los recuerda.
Con ellos se han ido la fuerza y la magia de mi juventud.
Se han ido como se van, como se borran, los recuerdos de mi mente.

EL GUERRERO SIEMPRE ESTÁ PREPARADO PARA LA BATALLA

La vida es una lucha constante.
Esa lucha hace que pasemos
de niños inocentes e indefensos
a ser auténticos guerreros.

Luchamos por los nuestros,
por lo terrenal y lo espiritual.
Cada batalla perdida,
puede ser en un futuro,
toda una guerra ganada.

Aquí, en esta eterna lucha
del ser humano,
no gana quien se sale
con la suya,
gana quien acaba sobreviviendo
a la barbarie de una vida
muchas veces injusta.

La vida es un constante
goteo de sangre inocente.
Casi siempre pagan
justos por pecadores,
Sin darnos cuenta,
nos convertimos en insensibles,
en bestias preparadas
para dañar al contrincante.

La maquinaria humana,
necesita ser ignorante,
para que otros humanos,
saquen provecho
de cualquier guerra.

EL CHICO DE LA CAMISETA DE IRON MAIDEN

Cuando lo conocí me pareció un pedante,
pero a medida que lo fui tratando
me di cuenta de que su rebeldía,
venía otorgada por la injusta vida.

Siempre bebía alcohol, siempre fumaba,
tenía un carácter simpático,
contando chistes malos nadie le gana,
siempre con su chupa de cuero
y sus camisetas de Iron Maiden.

Está felizmente casado, su mujer
escribió un libro y varios relatos,
la verdad es que se le coge cariño,
porque ha sido un valiente,
porque es muy buena persona
aunque a veces sea difícil de tratar.

Él lleva siempre dos muletas,
tiene problemas de movilidad,
pero él sube las empinadas
pendientes, solo por estar unas
horas, con la gente a la que aprecia.

Para saber quererle, hay que aceptarlo
con todos sus defectos aparentes y
con todas sus riquezas personales.

Él sigue fiel a su lema,
"sexo, alcohol y rock and roll".

EL HOMBRE O DIOS

Son oscuras las intenciones del hombre.

Son crueles los deseos de Dios.

Cuando alguien te cambia el horizonte,
volviéndolo gris y oscuro.

Cuando Dios te acaba arrebatando para siempre
a aquel ser que tanto amas.

¿Quién es justo?
¿Dios o el hombre?

¿Quien carece de humanidad?
¿El hombre o Dios?

Mi madre fue doblemente juzgada,
primero por el hombre y luego por Dios.

EL VIEJO HOGAR

Aquí en mi ciudad, donde todo es posible,
reposan los restos de un viejo hogar.
Está todo nuevo, impecable,
pero todo lo nuevo no camufla los recuerdos.

Aquí crecí yo, rodeado de niñas, pues era
el menor de cinco hermanos, todas hembras
menos yo, aquí jugábamos, reíamos y llorábamos.

Aún recuerdo cómo mis abuelos y mi madre,
nos hacían vivir el amor a la familia,
haciéndonos la vida más sencilla, sin lujos,
pero más rica en valores y experiencias.

Ya nada es como antes, se han ido yendo,
primero mis abuelos, éstos viajaron al infinito,
después mi madre, que hace poco que partió
con ellos, después cada una de mis hermanas
por diferentes tiempos, fueron a hacer sus vidas.

Yo estoy solo, solo en la mañana, solo viendo
las puestas de sol, solo ante la noche,
viendo en un paisaje urbano la luna y las estrellas,
viendo el mar, a veces calmado, otras fiero.

Los muebles, las figuras, toda la casa me traía
recuerdos, recuerdos de cuando era un niño tímido,
inseguro de dar un paso en falso,
amoroso y cariñoso sin esperar nada a cambio.

También están los recuerdos de adulto,
mis primeros amores, mis dos pasiones: la música,
y la escritura creativa. La verdad es que mi casa
rezumaba arte por las cuatro esquinas.

Recuerdo también que aquí enfermaron para morir
mi abuelo y mi madre, la siempre bondadosa de
mi abuela, que falleció aquí de manera fulminante.

De mi abuela recuerdo que nos llevaba a todas las
verbenas de la ciudad y pueblos colindantes,
recuerdo sus postres, su ganchillo y su luto constante,
pues llevó luto por sus hermanos asesinados en la guerra,
por sus padres y por la niña que, al nacer, murió en sus brazos.

De mi abuelo recuerdo su carácter fuerte, su conversación corta,
su saber del campo y de los animales, trabajador incansable era.

Siempre lo recuerdo con su cigarrillo de tabaco negro
o llevando de paseo a nuestro perro.

De mi madre recuerdo con veneración todo, absolutamente todo.
He de decir que aunque no afectó de forma decisiva en su vida,
sí pudo escoger con quienes hacer el bien. Con todo el mundo fue
amable, cordial y cercana, siempre tuvo un corazón amoroso. A ella
no puedo hacerle ningún reproche, pues para mí ha sido y es la mejor
persona, madre, trabajadora, hija y hermana de esta vida.

EN CADA AMANECER

En cada amanecer busco tu sonrisa,
me conmueve tu suave brisa.

En cada amanecer desayuno
en tu boca cual inoportuno.

En cada amanecer busco tu desnudez,
en ella esta guardada tu madurez.

En cada amanecer tienes flores
de caprichosas formas y colores.

De tu cuerpo se desprende calor,
después de sentirlo viene mi ardor.

Cual princesa de un castillo
yo te protejo cual armadillo.

En cada amanecer tú eres la reina
que despliega encantos cuando se peina.

En nuestro amanecer no hay sol,
sí hay luna y estrellas, y más estrellas,
de entre todas las mujeres tú eres de las más bellas.

EN EL HUMO DE UN CIGARRO

En el humo de un cigarro
enfundo mis pesares.

A veces los consumo,
otras en cambio se fijan.

Mientras estoy fumando
puedo pensar en multitud de cosas,
a veces realmente deliciosas.

Al fumar consumo todas mis historias,
puede que esté consumiendo mi vida.

Pero en realidad fumo el humo de un cigarro
para así poder consumir las penas.

EN OCASIONES

En ocasiones mi cuerpo
parece hecho de un material
poderoso.

Otras veces es tan frágil
que se rompe ante la dificultad.

La dificultad para saberse
capaz de afrontar el presente.

Encaminarse hacia un hipotético
futuro.

Dejar de aferrarse a un ya nulo
pasado.

Pasado que duele pero también
alberga en algún remoto lugar,
todas los placeres vividos,
las personas que los forjaron,
los sentimientos encontrados
que aún permanecen en la cabeza,
eso que algunos llaman alma.

EN UNA ÉPOCA DE MI VIDA

Hubo un tiempo ya algo lejano,
en el que las tertulias literarias,
los encuentros poéticos,
y todo aquello que fuese poesía
llenaban las horas libres
de mi hermosa juventud.

Conocí a mi primer amor,
con ella aprendí a amar
tanto con la piel,
como con el alma.

A través de ella,
conocí a su amiga,
la que fue mi amiga.

Dejé todo lo poético por amor,
pero me fui acomodando y
no me daba cuenta de que
por dejadez, la estaba perdiendo.
Tras varios rechazos, me di por aludido.
Me dejó a merced del destino.

Yo no encontraba el camino.
Pasó mucho tiempo desde ese
fracaso para encontrar otro amor,
pero su recuerdo seguía atormentándome.
Tenía pesadillas constantes,
me moría de celos sabiéndola de otro hombre.

Finalmente no pude ser feliz,
ni a su lado, ni al lado de la otra,
En esos momentos estaba enamorado
de un nuevo amor.
Volvieron la rutina y el tedio,
con el tiempo se desgastó ese amor
de tanto usarlo.

Y una tarde de primavera, sin más, me dejó.

Doblemente herido me juré no volver a amar.
Hasta hoy día no he vuelto a confiar mi corazón
más que a mi familia y amistades.
Me he cerrado en banda al amor.

ERES DE MI FAMILIA

Por más que niegues conocerme.
Por más que trates de olvidarme.

Tú serás siempre sangre propia,
yo seré para ti ese rebelde sin causa
que revolvió tu mundo, torciendo
los renglones ya establecidos.

No es momento de enfrentarse,
es momento de sentarse a hablar.
Hablar sobre nuestras diferencias.
Hablar de lo que nos une.
Hablar de lo que nos divide.

Nos hemos dedicado a luchar
para después separarnos.

Debemos sopesar lo bueno,
lo malo y lo regular.

Buscar una solución a esta guerra.
Guerra sin sentido.

Pues solo hay una verdad.
Por tus venas corre sangre mía,
por las mías la verdad es que,
parte de mi A.D.N. también
lo comparto con quién me odia.

ES INVIERNO EN MI CORAZÓN HELADO

Siento el frío en la mañana, en el atardecer y en la soledad de la noche.
Tú ya no estás en las tardes de risas y llantos callados.

Siento que voy perdiendo una a una a todas las personas.
Mi destino parece afianzarse en la soledad y el frío.

Nunca más oiré vuestras voces, ni veré vuestros rostros.

A las dos os quise, a una por ser el ser que me dio la vida,
a la otra por ser mi confidente, mi cordura y mi vieja amiga.

Las dos pasasteis todos mis calvarios ya las dos os di disgustos,
pero a ambas os di cariño y comprensión; una pizca de ilusión.

Cabalgo entre la duda de si hice bien en estar presente hasta el final.

Ahora tengo frío cuando pienso que la vida os arrebató de mi lado
demasiado pronto, a ti muy joven y a mi madre no demasiado mayor.

Tengo recuerdos, sí claro, aunque no me atormentan.
Solo recordaros es lo que me alivia, y que el haberos conocido, compartido
experiencias, proyectos y sentimientos, no ha sido para nada en vano.

Pues ello, vuestro recuerdo, poco a poco me da más fuerzas para seguir
en un caminar aparentemente carente de sentido.
Pues el sentido de mi camino ha pasado por vuestro sino.

ESCRITOR

Cuando digo a las personas que soy escritor,
ni yo mismo acabo de creérmelo.
Pese a tener cinco libros publicados,
pese a no ser un novato en eso de presentar
públicamente mis obras, aún me veo verde.

Hace casi ya veinticinco años, publiqué
un cuadernillo dedicado a un amor adolescente.

Desde entonces me pasé veinte años perdiendo
tontamente el tiempo; vinieron tragedias
y penas, duras pruebas y un sinfín de problemas.
Empecé con un cuaderno y un bolígrafo.
Después compré este mismo ordenador
y una impresora.

Comencé narrando mis desdichas entremezclando
fantasía y realidad. Poco a poco y en poco tiempo
escribí dos manuscritos sin afán de publicarlos,
pero alguien los leyó y confió en mi.
Después los fueron leyendo más personas y
me animaron a que intentase hacerlos públicos.

Poco después ya tenía dos libros publicados,
en cajas embaladas. Comenzaron a llenarse
las estanterías de casa con mis propios libros.
Enseguida corrió la voz y mis libros se vendían
a pares cada día.

Ahora las personas que los compraron suelen ser
mis mejores lectores, y agradecido, solo puedo hacer
algo ¡qué mejor que un nuevo libro!

FUTURO

Ahora es el momento que vivimos,
en el ahora caben presente y pasado,
en el presente estamos solo nosotros,
en el pasado están todos.

Mas el tiempo traicionero
nos deporta hacia lo desconocido
sin importarle lo más mínimo,
arrebatando nuestro pasado,
dejándonos sin presente,
condenándonos a un futuro incierto.

GOLEANDO

Hoy hemos logrado un mundial,
hemos logrado mucho más.

Hemos hecho posible más igualdad,
más trabajo en equipo.

Se ha logrado derribar complejos,
desterrar tabúes, unir las manos
con una misma bandera,
con un único himno,
el himno del compañerismo,
la bandera del respeto,
el trabajo bien hecho,
la satisfacción de ser cada día
más parejos en éxitos y capacidades.

Más parecidos y menos dispares.

HOY ESCRIBO POR TI

Hoy solo te escribo a ti
para que salgas de la oscuridad,
veas la luz y te quedes fija
con los pies tocando el suelo.

Para que solo puedas ver
el cielo desde la tierra,
no la tierra desde el cielo.

Te escribo para que te quedes
entre nosotros, para que puedas
contar conmigo para todo,
todo aquello que desees.

No puedo arrancarte a ti
de mi existir, tú eres luz
no eres sombra. No dejes
que la oscuridad te acompañe
en tu camino y sigue caminando.

INFIDELIDAD

Con todo el daño de tus falsos besos
busqué inconscientemente en otros cuerpos.
Sí te fui infiel, así como tú lo fuiste.

No vengas con reproches ni lágrimas,
lo sé, soy consciente del daño hecho
pero tú sabias que me destruirías
y lo hiciste, sin pensar en nada más que en ti.

Yo simplemente jugaba con otros seres
buscando lo que ya no hallaba en ti.
Tú en cambio querías que te abrasaran la piel,
te robasen el alma y avivaran la llama
de tu corazón.

Más yo pequé de cobarde al no decirte
que ya añoraba tu piel ardiente, que tenías
mi alma escondida en tu ser,
que eras lo único que podía hacer arder
mi corazón.

Y nos perdimos en distintos cuerpos
con sus distintos mundos,
navegando entre corrientes que arrasaban
los pedazos de recuerdos, ternura y amor.

LA CREMADA DEL DIMONI

Hay una noche especialmente mágica para los Badaloneses y Badalonesas y esa es la noche de la cremada del dimoni.
en la que miles de personas se congregan en torno a una estatua, que está hecha de cartón piedra y madera.
Cada año se diseña un demonio con alguna temática relacionada con la ciudad o la política, la cultura, etc.
Suele ser en forma de sátira y esa figura, al caer la noche, tras un ritual ancestral de música tradicional, baile y versos acaba siendo devorada por las llamas. Antes salen a bailar los "cabezudos", los "gigantes" y el "águila", símbolos todos ellos de la ciudad desde tiempos inmemoriales.
También están que echan chispas los correfuegos, que tienen diversas peñas por toda la ciudad.
Una vez que empieza a arder dicha figura colosal, que está plantada en la playa, arden también decenas de demonios más pequeños de las diversas escuelas de la ciudad.

De repente empieza a sonar música de todas las épocas, años cincuenta, sesenta, setenta, ochenta, noventa y así hasta hoy.
También hay hueco para la música clásica, los fuegos artificiales brillan y bailan sonando al son de la música y todo acaba cuando el demonio derrotado por el fuego, cae totalmente hecho pedazos.

Al siguiente amanecer, los puestos de miel, embutidos, quesos, golosinas, velas, cremas y jabones, productos todos ellos artesanales, se venden en carpas de tela cada día de Sant Anastasi y la feria con su Noria, su rana, tren de la bruja y colchonetas entre otros, están una semana antes de que arda el demonio. Al siguiente día de quemarlo, ya empiezan a recoger todos los artefactos.

LA CHICA DE AYER

Hoy te he visto entre un tumulto,
tú me has mirado, con la mirada
de quien conoce bien a su adversario.

Te he visto justo el día que se cumplen
seis años. En esos seis años,
otras personas me han dicho adiós
para siempre, otras un hasta luego
que yo sé que nunca llegará.

Me has evitado desde el primer momento,
como si yo fuera un fantasma,
me has dejado con la palabra en la boca,
como aquella vez que deseaste partir,
partir de mi lado sin retorno alguno.

Sigues estando igual que ayer,
aunque los años no perdonen,
por tu mirada sé que sigues igual,
con tus Hombres G, con tu particular
forma de vestir y de arreglarte,
con esa mirada libre de pensamiento.

Sí, tú eres la chica de ayer,
la que no supo valorar mis atenciones,
mi ternura, mi manera de amarte.

Sí, tu eres la chica de ayer,
la que olvidó el amor hacia mí,
la que me dejó en el peor momento,
la que no tuvo miramiento,
la que me dejó en la estacada.

LA FAMILIA

La familia por la que tantas cosas se olvidan,
se perdonan, se tragan, se mastican.

La familia es un punto de origen hacia
ningún lugar, es una mezcla de sentimientos,
sangre y sudor, que pueden en un momento
engrandecer la vida de uno mismo,
o por el contrario hacer la vida irrespirable.

Todos hemos consentido y admitido cosas
que nunca deberían haber estado en nuestras
vidas, todo para proteger y amparar a los nuestros.

Nadie está preparado para una tragedia
y traga y traga y mastica para evitarla.

La familia nos trae numerosos rompecabezas,
problemas y preocupaciones, ansiedades y estrés
pero también nos aporta calidez y ternura,
risas y lágrimas pero de alegría.

Cuando algún ser querido muere, es ahí
donde se ve la unión y el valor de la familia;
algunas familias se unen, otras se disgregan
y diseminan por un nuevo mapa.

Cada uno siempre antepone su interés
al de los demás, pero hay ocasiones
en que lo que nos mueve a seguir luchando
con garras y con colmillos afilados,
es el interés común de aquello que nos
viene dado por sangre, sangre de nuestra sangre.

LA IMPORTANCIA DE DECIR

A veces es importante reconocer los errores,
en ocasiones nos creemos importantes.

Pues bien, la realidad es que nadie
es más que nadie; mientras uno ríe,
el otro sufre, mientras el ego te domine,
la gente te avisa una vez, dos también,
pero a la tercera va la vencida.

Aún con el ego subido, quieres tener la razón
sin darte cuenta de que hieres,
hasta el último corazón.

No es más valiente quien se llena de coraje,
es más valiente quien tiene el don
de saber que todo tiene un límite.

De ahí que cuando nos sobrepasamos
o somos egocéntricos y egoístas,
cuando nos hagan saber que hemos
causado daño, como mínimo, por educación,
por respeto, sepamos decir un lo siento.

LA NIÑA DE LOS OJOS AZULES

Esa niña desgarbada y morena
tiene los ojos azules,
azules cual cielo despejado,
una melena larga y cuidada,
una figura de niña,
con cierta tristeza en su mirada.

Ella va a estudiar,
pero va muy atrasada,
ha repetido dos veces curso,
le cuesta asimilar conceptos y
tiene la memoria de un pez.

Siempre saluda a todos y todas
con una alegría desbordante,
pero su mirada está apagada,
la llaman la niña de los ojos azules.

Ella tiene una gracia especial,
con encantadora sonrisa cautiva,
es puro amor y lo contagia,
es graciosa y espontanea,
siempre está haciendo de las suyas,
siempre tiene una palabra para todos.

Es la niña de los ojos azules,
la que tiene complejos,
la que vuela cuando camina,
la que habla con las palomas,
la que siempre te roba el corazón.

LA VIDA MISMA

Con sus giros inesperados
coqueteando siempre
con el final no deseado.

Con sus obras y milagros,
torciendo todos los renglones
que ya estaban escritos.

Caprichosa e impredecible,
nos hace hacer mil piruetas
al aire contra los elementos.

La misma que convierte
al cobarde en valiente,
despierta sentimientos
contrarios y propios.

La que siempre consigue
derrotar al más fuerte,
desenmascarar al mentiroso.

La vida es aquello
que no se puede explicar,
la vida es un misterio
que nadie ha podido descifrar.

LA GENTE DE MI BARRIO

Las personas de mi barrio suelen ser espontáneas,
alegres desde sus ventanales o en el paseo y los bares.
Mi gente te acepta de entrada si eres honesto y legal.

Hay de todo como en la viña del Señor;
hay quien trata de echarte la mano al cuello,
hay quien solo sabe ayudar al prójimo.

Las gentes de aquí son sencillas, claras y limpias,
suelen soltarte lo primero que se les ocurre,
son irónicas, sinceras, abiertas y algunas hasta dinámicas.

La mayoría descienden o son gentes venidas de otras
partes de España, hay quienes se sienten más catalanes,
hay quienes son más andaluces, gallegos, extremeños,
manchegos, castellanos, madrileños, aragoneses o riojanos,
pero todos conviven en un respeto mutuo.

Las personas de mi barrio suelen tener un trato agradable,
con distintos acentos, con distintas verdades.

Las gentes de aquí somos un tanto cotillas,
porque un barrio es como un pueblo dentro de la ciudad,
sin museos, sin plaza mayor y sin ayuntamiento propios.

En mi barrio de vez en cuando se ruedan anuncios
y la gente suele participar en ellos.

Mi barrio tiene metro, líneas de autobuses, carril bici,
paradas de taxis, rascacielos y empinadas cuestas.

Es un barrio dinámico, cambiante, pero la esencia de su gente
es siempre la misma y su elegancia consiste en la sencillez,
en la cortesía, en el saber comportarse, en la buena comida,
en las risas con amigos, familiares o vecinos,
en aceptarse los unos y los otros con todos los defectos y virtudes.

Cuando de verdad formas parte de este barrio,
si te vas acabas volviendo y si te marchas, lloras al dejarlo.

Es mi casa, mi palacio, y mi reino, mi barrio.

MI GRUPO DE LECTURA

Ante todo no quisiera que nadie se sintiese ofendido por algu-
no de mis comentarios, lo único que pretendo con este poema
es dejar constancia del cariño que os tengo a todos.

En el casal de jubilados de Llefià
yo asisto a clases de lectura.
Allí he conocido a gente maravillosa,
de la cual ahora os voy a relatar.

Primero está en mi lista de orden alfabético
Amalia, que con su saber estar, su gracia al leer,
al contar sus vivencias, yo me emocioné.
Es una poetisa de los pies a la cabeza.

Luego llega Amparo, que solo tiene ganas
de reír y disfrutar. Le encanta "el meneíto",
cuando tiene ocasión nos de clases de baile.

Después está Consu, que es la dama de la
interpretación. No se puede resistir nadie
al verla interpretar una obra de teatro
en cada texto que le toca leer.

Más tarde llega Florencia, la gran dama
de los abrazos energéticos, la que devora
libros, revistas y todo cuanto tenga letras.
Es la administradora del grupo.

Ahora llega el caballero Lluïs, quien
esboza y resume un libro en minutos,
quien toma apuntes. Es sin duda el
más aplicado y también es el más simpático.

Ha llegado un ángel, María. Es de las más aplicadas,
trabajó con mi madre y en eso me tiene ganado.
Es el solete menorquín del grupo,
todo en ella es paz y bondad.

En este momento entra Montse
con su alto nivel de conocimiento.
Le encanta intervenir en los debates,
suele leer mucho y escuchar la SER.

Por último las dos Paquitas.

La Paquita ilustradora y pintora,
que es espontánea y sencilla,
humana y talentosa, pues además
de dibujar y pintar, escribe para si misma.

Ahora viene Paqui la cantante,
que tiene un fuerte carácter,
es autodidacta, todo lo que ha aprendido,
lo ha aprendido con esfuerzo y tesón.
Lo que tiene ahora se lo ganó a pulso.

Ahora viene lo mejor, ahí llega Carmela
con su sencillez, su extraordinaria cultura
literaria. Ella escribe y dirige la clase,
nos suele poner a raya cuando hablamos
por desorden o todos a la vez, por cómo
nos habla además de culta es buena con nosotros.

MI ODIO Y TODO MI VENENO

Para quien no me ame
con todo lo que yo soy.

No tiene derecho a nada
de todo lo que me envuelva.

Para quien no me quiera
con lo que ello conlleva.

No merece mi tiempo,
ni un segundo de regalo.

Tiene perdida la batalla
de poseer mi último vuelo.

Viaje sin retorno ni vuelta,
que se hará más eterno.

Solo tendrá por respuesta
mi odio y todo mi veneno.

NATURALEZA Y TIEMPO

Como artista, la naturaleza y el tiempo,
ambos son refugio, aunque nos falten.

La naturaleza es capaz de abrir vía
y realizar el milagro de la vida, en infinidad
de formas.

El tiempo determina el momento de todo,
el crecimiento y la extensión de la vida
en cada uno de los seres que la componen.

La naturaleza nos da salud, mientras hay vida.
El tiempo es el que determina nuestra estancia
en este planeta que posee innumerables milagros.

NECESITO

Necesito cambios de aire, cambios de dirección,
toma de decisiones, saber cómo tomar mi destino
sin que afecte a los demás, sin que destruya nada
ni a nadie, sin que altere el orden de las cosas.

Quiero ser yo mismo, volar, volar muy alto
espiritualmente, quiero que mi espíritu vuele,
que mi conciencia esté tranquila, que no se
altere, que no se disperse.

Quiero que todo, todo, todo, todo, cambie de la noche
a la mañana, como una sombra del pasado,
pero del pasado bueno, no del malo.

Quiero que la sombra del pasado bueno, no del malo,
me lleve a otro lugar, a otra dimensión, a otra perspectiva,
que me lleve a un cambio de vistas.

Quiero que esas vistas sean maravillosas, sean paisajes
imposibles, con cascadas, ríos, montañas, con naturaleza.

Quiero ver en mí lo que no he visto nunca,
el prodigio de ser persona, persona normal no,
persona, persona dentro de la anormalidad,
porque aunque suene un poco raro decirlo así,
todo el mundo tiene algo de anormal,
y lo normal no existe.

Quiero... Quiero muchas cosas, quiero tantas cosas,
quiero estar en paz, quiero ser libre,
sentirme como un pájaro volando, viviendo mi vida
a mi modo, a mi voluntad, no a la de los demás.

Sin problemas importantes por lo menos,
sin tener que dar cuentas a nadie de lo que hago
o dejo de hacer, sin tener que dar cuentas a nadie
de mis bienes, de mis pertenencias.

Sin tener que dar cuentas a nadie de como soy y lo que soy.

NO TE PREOCUPES QUE TU VIDA CAMBIARÁ

No tienes que preocuparte por el tiempo,
si vives bien ya vendrán los temporales,
si estás servido de todo, ya te faltará.

De lo peor solo pueden haber mejoras,
de lo mejor, pueden venir dichas o desgracias.

Siempre hay tiempos mejores y peores también.
Disfruta de lo bueno, que lo malo viene solo.

Tienes compañía, pues seguro que después
te abrazará la soledad con toda su crudeza.

Tienes alegría, pues pronto sentirás en tu piel
el sufrimiento sin límite de la señora tristeza.

Cuando te des cuenta, habrás pasado épocas
felices y muchos momentos amargos,
la recompensa viene dada cuando ves en cada
uno de esos tiempos, el regalo de vivir.

POR QUÉ TE EMPEÑAS

¿Por qué te empeñas en acribillarme a comparaciones?

¿Por qué comparas mi voz con un estruendo
cuando sabes que mi canto a veces llega a ser glorioso?

¿Por qué comparas el sonido del caer de la lluvia,
con el estruendo del correr de una riada?

¿Por qué criticas a todo aquel, incluido yo
que no hace nada de lo que tú haces?

A aquel que no actúa como tú,
lo empequeñeces y ridiculizas
hasta limites insospechados.

¿No será que tienes celos de lo que yo digo?
¿No tendrás miedo a que mi persona te de sombra?

¿No crees acaso que lo escribo es bazofia
y ni te has molestado en leer algo mío
por miedo a escuchar una sonora verdad?

No sabes que yo me expreso libremente
con todo el arte que la vida me da,
que soy claro y transparente como agua de manantial.

Que mi vida aparentemente triste y solitaria,
también tiene colores, sentido y razón de ser.

Que cuanto más te empeñes en complicar mi andadura,
más dura será la suela que me permita caminar.

POR TI

Viene el frío y con él la tristeza.
Casi siento tu perdida, sin tu partida.

El frío cala mis huesos y la tristeza
hace mella en mi alma.

No puedo verte, tu familia se opone,
tú yaces inerte en una triste cama.

No hay voluntad en ti, inconsciente,
tan inconsciente de tu mala suerte.

Me has hecho volver a llorar
cuando aún lloraba por mi madre.

Has hecho que me replantee
la vida, para que aprenda a no perder
un tiempo que ya no tengo.
Un tiempo que para ti parece agotarse.

Mientras tanto, tú luchas por tu vida y
yo lucho cada día porque en la adversidad
reside la raíz de la fuerza que nos mantiene,
a veces sin mucho sentido, fuertes y vivos.

PREFIERO SER Y PENSAR LA POESÍA

Hay por haber, personas que creen
que vivo en una vida bohemia,
en una vida resuelta, color de rosa,
en una vida dedicada a la poesía.

Francamente creo, que es una manera
infinitamente mejor, convertirse
en un poema o en muchos poemas,
que vivir en una realidad fría,
interesada, dura, cruel e injusta.

Le vendría más que bien a esta
sociedad, basada en intereses
que nada tienen que ver
con el lado más humano,
que se tuviera un mínimo
de sentir poético, al vivir
esta oscura y tenebrosa vida.

La poesía es capaz de describir
encumbrado hacia lo deleitable
lo mejor de un ser humano,
así como también lo más bajo.
Es capaz de desatar sentimientos
ocultos en nuestro ser.

Leer poesía deshace el alma,
yo mismo lloro por dentro,
lloro hasta que mis ojos se
colman de lágrimas cuando escribo.

Hay quienes creen que hay que ser
muy inteligente para escribir.
Para escribir lo primero y esencial
es tener sensibilidad y buscar eternamente
el sentido del absurdo, el sentido de existir.

QUÉ MÁS DARÁ

Parece más ligero el camino
después de caer en socavones,
tropezar con ramas y piedras.

El camino será incierto siempre,
más es alta su fiel compañera
y el ocaso su descenso temporal.

Vengo labrando los campos
con optimismo y felicidad.

El amor ya me ha olvidado
y ando amando sin pararme a pensar.

Cuando todo finalice,
no sé si seré consciente de ordenar
pensamientos, sentimientos, emociones…

¡Y qué más dá si el final ya está apuntando!
¿Qué más dará caminando a un nuevo existir?

QUÉ PENA

Qué pena, compartíamos tantas cosas
Por compartir, compartimos hasta la sangre y
pese a ello nuestras vidas se distanciaron.

Unos días de infierno en el pasado,
nos acabaron separando y unos meses
de duras pruebas, una detrás de otra,
acabaron por distanciarnos totalmente
hasta el punto de no saber el uno
del otro.

Sí, somos dos seres distantes,
divorciados como sangre común,
con un apellido compartido pero no querido
de igual manera por ambos.

Hoy te he visto, te he saludado, tú me has correspondido,
he bromeado sobre cómo nos hacemos mayores,
tú has entendido que eso iba solo por ti,
te he contestado que iba por los dos.

Eso ha sido la más larga conversación contigo
en tres duros y largos meses, qué pena.

Sí, es verdad que me diste ánimos cuando
la inesperada muerte de mi mejor amiga,
pero no dejo de pensar que si pudiera
retroceder el tiempo tan solo un lustro, es decir
cinco años, mi madre estaría viva, mi amiga también,
todos estaríamos bien y bien unidos.

Pero el tiempo es sabio y sabe qué tiene que pasar
para que nosotros, heridos o mal heridos, podamos caminar.

SI TÚ SUPIERAS

Si tu supieras de mis noches en blanco,
de la agonía de no poder verte,
no poder llamarte en la madrugada.

Echo de menos hasta cómo nos peleábamos,
sacándonos todos los trapos sucios,
faltándonos al respeto.

Después lo hablábamos más calmados,
todo volvía a ser igual, con tus condiciones,
hasta que volvíamos a discutir.

Si tú supieras las veces que he necesitado,
tus sabios consejos, la paz de tu espíritu,
el hecho de no poder bromear contigo.

El hecho de no poderte hablar y decirte
que te he querido como a una hermana;
más que amiga has sido hermana del alma.

Siempre llegabas tarde y me impacientabas,
después me compensabas con tu atención.

Siempre me reñías por mi aspecto y
recuerdo que tú ibas siempre con bambas,
una chaqueta blanca desgastada del uso,
unos jerseis o camisetas tan juveniles,
que por tu edad, todo ello unido, no te hacia
ninguna justicia y más teniendo en cuenta
lo chiquitaja que eras.

Yo me callaba y lo respetaba, aunque tú no
soportaras que yo fuese en chándal.

¡Cuántos secretos te has llevado contigo!
Los que teníamos en común,
más los que tú sentías y sabías
y nunca me dijiste.

Te llevas mis recuerdos y algún anhelo,
te tengo muy presente, como siempre
te he tenido, solo que ahora ya no estás,
te has ido, te has ido luchando como las grandes.
Ya no estás aquí en este mundo,
te fuiste sin despedirte, con un hasta luego.

SOBRE LOS COBARDES

Sobre los cobardes poco o nada se ha escrito.

Se dice que los valientes se buscan su sepultura y
yo he sido muy cobarde, cobarde por no enfrentar
mis instintos naturales, por no aceptar cómo soy.

Mis defectos más pronunciados son la escasez
de valor para decir un no, sí, simplemente eso,
una negación puede salvar muchas vidas,
más la mía está en ese acantilado, dispuesta
a tirarse al vacío o dispuesta a recular, coger fuerzas
y enfrentarse a los demás con un rotundo no.

Los valientes tienen un sitio de honor entre los difuntos,
más si tiene que acabar mi vida, prefiero estar entre
los gloriosos antes que entre débiles e insignificantes
seres que dicen llamarse falsamente, triunfadores.

Están los cobardes que traicionan sin motivo aparente,
los que estafan, roban, siempre mienten;
están los cobardes que son víctimas de sus vicios,
de sus excesos, de su codicia, de una enfermedad
llamada avaricia, traicionando todos sus principios,
traicionando a todos, pero sobre todo traicionándose
a ellos mismos, ellos y ellas traicionan su propio yo.

Estos cobardes están en las familias de todo tipo,
desde las más humildes, hasta las más altas cunas.

Traicionan a los suyos, por poder, dinero, envidias,
difunden calumnias, crean alianzas con otros similares.

Lo que consiguen con su sed de venganza, es más odio,
más sufrimiento que infligen a sus víctimas, más rencor,
más sufrimiento para ellos mismos por no poder hacer
y deshacer la madeja de tela de araña que ellos mismos
tejen, sin darse cuenta que otro peor que ellos está
al acecho, esperando un momento de debilidad.

Al final estos oscuros seres con apariencia humana,
terminan siendo devorados por todo aquello,
que con malas artes han ido forjando.

La envidia solo devuelve ira y desconcierto,
la codicia cuando acaba el dinero es arrepentimiento,
las alianzas se desvanecen y ahora son enemigos,
el sufrimiento de las víctimas es respondido contundentemente.

Nadie escapa de la ira del bien, pues todo lo que se da,
te es devuelto multiplicado.

Si das cosas positivas, recibirás cosas positivas,
si engendras el mal, solo recibirás maldad sobre maldad
como una plaga nefasta para todo aquel o aquella persona
que declare el mal a otro ser o se lo desee en ocultos pensamientos.

A esa persona, no se le concederá perdón alguno y sufrirá en desgracia.

SOY DE LOS QUE

Soy de los que sin café y un cigarrillo
no son personas después de despertar.

Soy de los que se ofenden con facilidad,
de los que cambian constantemente de parecer.

Padezco de una especie de ansiedad
por sobrevivir a este mundo de locos.

Me han tildado de todo, sin molestarse
por conocer el trasfondo de mi persona.

Tengo una personalidad a veces insegura,
otras en cambio soy tan firme que asusto.

Entre mis delirios están la música y la poesía,
en una época de mi vida me dediqué a cantar,
jamás gané ni un duro con ello, pero era feliz.
Ahora soy feliz cuando escribo, escribo para sanarme,
escribo para que otros también sanen con mi historia.
La sensación de escribir no la puedo describir,
describir con palabras algo que te mantiene vivo
sería como describir mi vida en una sola frase.

Cuando quiero dar todo de mí lo doy,
cuando me defraudan lo pierden todo.

Suelo ser o muy radical o muy tolerante;
me debato entre lo extremo y lo moderado.

Mi mayor enemigo soy yo mismo,
mi mejor y único amigo sigo siendo yo.

SOY LIBRE

Soy libre, libre en mi soledad,
soledad que no elegí, pero sí admito
que solo me llevo mejor conmigo
mismo, mientras elijo cómo vivir.

Los comienzos son cuesta arriba,
ahora que llevo unos años a solas,
aún tratan de controlar lo que digo,
hago o pienso, pero ahora actúo.

En el teatro que es la vida,
me ha tocado lidiar con todo
tipo de papeles, la diferencia
es que esos personajes que
me tocaba interpretar, los sentía
en mi propia piel, defendiéndolos
contra vientos y mareas.

Ahora que vivo a mi manera
puedo elegir cómo vivir,
como sentir y así existir.

Escojo un destino propio,
poseo una voz propia,
tengo una identidad elegida.

Solo busco la aprobación
en mi conexión con el cosmos.
Cada vez me importan menos
ciertos comentarios sobre mí.

Ya no pido permiso para respirar,
ya no dependo de otras personas
porque ahora siento, río y lloro,
celebro mis victorias y logros,
reconozco mis errores y sigo andando
contando únicamente con mi ser.

SOY Y SERÉ SIEMPRE UN NIÑO

De niño soñaba mucho, pero no siempre se cumplían.

Mi sueño principal era ser aceptado y querido.
Lo conseguí a medias pues en el colegio,
se apartaban de mi lado como si fuese la peste.

Me sentía seguro con mi familia, quienes vieron
que empezaba a interesarme por las artes.
Cada madrugada de lunes a viernes, a eso de las cuatro
me despertaba únicamente para que mi madre
me diera su cariño y un beso antes de irse a trabajar.

Cantaba en clase por obligación y en casa lo hacía
por amor a la música y a mi familia, que quedaban
prendados por el énfasis que ponía en cada canción.

Sí, mi refugio y lugar seguro eran mis seres queridos.
Con el tiempo empecé a encajar mejor los golpes,
y comencé a andar solo, viajar solo, comer solo,
vinieron los primeros romances, los primeros desengaños.

La verdad es que tengo un secreto para sobrevivir,
no he dejado nunca de ser un niño, aunque tenga canas,
arrugas y me duelan los huesos, yo siempre estoy soñando.
Y aunque no todos los sueños se me cumplen,
hay siempre algún sueño de niño que se acaba por cumplir.

SUSTO

Su mirada huidiza y asustadiza
fue fruto del maltrato del hombre.
Tenía los ojos grandes, rojizos y su
pupila era negra y penetrante,
de color blanco con pintas negras,
delgado, hasta las costillas tenía marcadas.

Era de naturaleza muy noble,
por eso en el pasado aquellos hombres
le hicieron auténticas atrocidades.

Todo lo que le rodeaba le daba miedo,
pánico, auténtico terror. Caminaba siempre
temblando con la mirada suplicante.

Pero no todo fue miedo en la vida de susto,
dio con unos buenos dueños que lo cuidaron,
mimaron y quisieron hasta el último suspiro.

Era muy glotón, se comía todo lo que le ofrecían,
cariñoso a su modo y muy respetuoso.

Hoy nos ha dejado un ser entrañable y fiel
compañero de aventuras y desventuras.
No podemos entristecernos, sino ser conscientes,
que por mucho tiempo susto fue feliz.

TESTARUDA AMIGA

Querida y testaruda amiga
hoy te operan del corazón.

No has querido que te llame,
ni dejar recado a tu familia
para que me informen.

Eres muy rara pues tampoco
quieres que te vaya a visitar.

Y si sale algo mal ¿cómo
quieres que me informe?
¿que actúe en consecuencia?

Mi impaciencia por saber
sobre tu estado de salud
se acrecienta hora tras hora.

El reloj no cesa de girar y
tú sin dar señal alguna.

¿Crees que es justo tenerme
hecho un amasijo de nervios,
todo por tu injustificado capricho?

Ahora estoy casi rezando
por ti, y no soy practicante
de ninguna religión.

Me pone histérico que seas tan cabezota
pero es así como te acepté,
negar tus deseos sería traicionarte.

TODO ES TAN IMPERFECTO

Todo es tan imperfecto,
tu cuerpo y el mío.

Las tardes de lluvia y frío.
La tormenta divisada
desde las montañas.
El caos de un denso tráfico.
El estrés al que estamos
sometidos bajo presión.

La vida que se nos escapa
inmersa en algo llamado tiempo.

Mi voz y tu voz se extinguen
al paso de un frío helado.
Tú amor de invierno.
Yo amor de a diario.
Tú risa libertina.
Yo risa quebrada y apagada.

Algo así como las farolas
antes de que salga el sol,
extintas de haber ardido toda la noche,
extenuadas aguardando la nueva luz
de un nuevo amanecer, la luz de un nuevo día.

UN NUEVO AMOR

Un nuevo amor ha aparecido en mi vida,
un amor que lleva cinco años acompañándome,
intermitentemente, interminable,
ese es el amor por la escritura.

Un amor que no me abandona,
que solo me deja pasar unos días sin él.
después viene la zozobra,
me entra el desanimo y vuelvo
a escribir, vuelvo a motivarme
para escribir.

Pues eso es la escritura para mí,
motivación para vivir.

Si no expreso lo que siento, lo que vivo,
lo que quiero decir, no siento,
no soy nada, no soy nada ni nadie,
soy un vagabundo en un mundo
inmerso en letras.

Pero cuando escribo, soy capaz
de convertir el mundo,
en el mejor de todos los mundos
existentes en la fantasía humana.

Soy capaz de llegar hasta el infinito
y más, soy capaz de crear galaxias
de amor, de pasiones, de historias
interminables.

Eso es la escritura para mí,
el desahogo ya quedó atrás,
ya no es un simple desahogo,
ni desfogue.

Simplemente es la forma de expresar,
todo lo que siento, todo lo que digo,
toco, palpo, siento.

Es ¿Cómo decirlo? ¿Cómo definirlo?
Es la magia de la vida impresa en letras.

Porque las letras me hacen importante
aunque la gente pase de mis letras,
aunque la gente no se lea mis libros,
aunque no quede constancia alguna
de que sea un escritor que merezca ser leído.

Yo sé que soy un escritor,
sé que soy un escritor porque me gusta
narrar historias, historias de mi vida,
historias de los demás, historias de todo
lo que siento, historias de todo lo que
me envuelve.

Y eso me hace grande, grande cuando
escribo, soy un ser pequeño que se
convierte en grande, que narra historias
que quedan para la eternidad.

Yo quiero eso, que mis obras queden
para la eternidad. Yo sé que es muy
difícil, muy costoso, muy dificultoso,
pero quiero lograrlo.

Quiero ser conocido y que me lean
cientos de personas, quiero ser un escritor
universal.

Es muy difícil capturar y expresar
emociones e historias en breves
líneas, en breves frases, en pocas palabras,
pero se puede conseguir.

Yo lo he conseguido con mis libros.
Yo creo que tú también lo puedes conseguir,
cualquiera que se lo propusiera lo podría
conseguir, cualquiera que tenga interés por
la escritura, interés por el arte, interés por la
lectura.

Pero no todo el mundo es capaz
de escribir un libro,
lo que sí tenemos todos en común,
es una cosa muy simple, muy llana,
muy natural, hacer un libro de nuestra vida,
¿por qué? Porque nuestra historia,
es lo que más nos importa a nosotros.

Y puede que sea lo que menos le importa
a la otra persona, pero quizás esa otra persona
que está al otro lado leyendo o viendo
un vídeo o una película, una obra de teatro,
quizás sí sepa recoger lo que el autor
quiere decir con eso, identificarse con el personaje,
con los personajes o con la historia.

Y eso hace que la memoria del autor
siga viva, aunque el autor o autora
haya fallecido hace cien años, o trescientos, o mil años.
Si el autor transmite, transmite una realidad
o una fantasía y el lector logra identificarse,
con lo que el autor quiere transmitir,
ya ha logrado ser universal. Para mí eso es
llegar a ser universal.

Yo creo que lo que el autor debe hacer
es transmitir todo lo que sabe, todo lo que
padece, todo lo que siente, todo lo que ha
padecido y todo lo que cree que debe transmitirse.

Eso es un autor de verdad, autor o autora.
Yo lo que quiero transmitir es esa poesía,
esa narrativa, esos versos, esa historia en un papel.

Que el papel transmita todo lo que quiero
transmitir, lo que quiero transmitir a los demás,
no para mi solo, no para mis adentros,
ni mis desfogues, ni mis desahogos.

No. Quiero transmitir para que todo el mundo
sepa cómo pienso, cómo siento, qué es lo que
siento y cómo vivo.

UNA PALABRA TUYA

Una palabra tuya bastará,
bastará para que te quedes,
bastará para que te alejes.

Una palabra tuya y todo será,
una palabra tuya y dejo todo,
una palabra puede ser el fin
o el nuevo comienzo.

Tú sabes que por ti no tengo nada,
que por ti he dejado todo lo establecido,
que una palabra tuya
puede ser lo más hermoso,
puede ser lo más nefasto.

Cuando creí alcanzar el cielo entre tus brazos
no imaginaba que tu cuerpo estaba plagado
de espinas, que tus actos eran muy lejanos
a los que yo buscaba y ansiaba en ti.

Es la hora de que digas la última palabra,
la palabra que puede hacerme inmensamente
feliz o la palabra que puede sentenciar
este único amor.

Una palabra y desaparezco por siempre
de tu vida, separándome de la tuya.
Una palabra y me embarco contigo
rumbo a una nueva vida en común.

Solo tienes que decir una palabra
y seré tuyo para la eternidad.

Solo tienes que decir una palabra
y pasaré por tu vida como si nunca
hubiese existido.

UNA ROSA DEL DESIERTO

Como una rosa del desierto así me siento,
una rosa sin espinas, ni tallo, ni flor.

Las rosas del desierto se forman con arena
durante cientos de años, son muy bellas,
tienen una forma extraordinaria,
un brillo cristalizado único en el mundo.

Digo que así me siento, porque las rosas
del desierto cuesta encontrarlas
por su pureza y falta de vanidad.

Así como una rosa de un rosal
es vanidosa y delicada a un tiempo,
la rosa del desierto es bella
y cautiva las emociones con modestia.

En el gran desierto que es el mundo,
donde se carece muchas veces
de la bondad y la sencillez,
aparecen rosas del desierto,
como un milagro, sencillas y magníficas.

Yo me siento como una rosa del desierto
porque soy extraño y me formo como esos minerales,
me conformo con poco y crezco y me formo
a base del sufrimiento que supone el vivir.

En mi crecen cada día la bondad y la humildad,
frente a toda la vanidad y el desprecio
al que otras rosas de rosales me han expuesto.

USTED

Usted que se cree con el poder de juzgar,
anda envuelto entre prejuicios y descaros.

Usted que anima al desorden y vive en él,
anda buscando a sus víctimas, sin caer en que
puede ser que esas víctimas sean sus verdugos.

Usted experto en lanzar infamias y calumnias,
no se ha parado a pensar que el hecho de que
toda su vida sea un absoluto desastre, en parte
ha sido bajo su plena y absoluta responsabilidad.

Que con cada calumnia pierde uno o dos amigos,
que genera el odio y la aversión hacia su persona,
que no cesa en su empeño de destruir al otro.

Usted no sabe que el que se destruye a sí mismo
acaba siendo devorado por el mal recuerdo,
cayendo muy fácilmente en el pozo del olvido.

VÍCTIMA O VERDUGO

Parezco un psicópata
buscando a mi víctima.

Pero la víctima soy yo.
Víctima de mis vicios.
Soy víctima de mis actos.

Yo soy la víctima
a la que quiero aniquilar.

Conmigo se van las tormentas.

Conmigo se cesa una guerra.

Una guerra entre el yo y los demás.

Una guerra fría, rígida y pesada.

Una guerra que fue declarada
a raíz de mi existencia
dentro del vientre de mi madre.

Una guerra que siempre parezco perder,
pero que en realidad gano cuando
viene un nuevo día.

Y pese a mis innumerables defectos,
manías y miedos,
yo sigo viviendo siendo víctima
y también verdugo.

Y RENACE LA VIDA

Hay ocasiones en que los problemas
fluyen más que la ideas.

Hay momentos que estamos tan hartos,
tan rotos, tan desarmados de fuerzas,
que todo parece flaquear a nuestro alrededor.

Parece como si estuviésemos yertos,
de pie esperando nuestro final,
las noches en blanco se hacen eternas,
así también se hacen eternos los llantos,
parece como si la vida tuviera su fin.

Pero un raro mecanismo ancestral,
hace que de repente nos recompongamos,
cojamos fuerzas de donde no existen,
hace que nos enfrentemos al miedo,
viendo cara a cara el inmenso problema,
y un soplo de esperanza nos mueve
a tener fe y dejamos de estar yertos.

La sangre vuelve a fluir a borbollones,
y el cuerpo y la mente se relajan,
dejan de estar en tensión para la guerra,
la esperanza da paso al alivio,
el alivio pasa a ser consuelo.

Poco a poco vamos retomando la rutina,
vamos recobrando el sueño y los sueños,
vamos adquiriendo sabiduría de vida,
nos sentimos más animados,
nos entran ganas de reír, de volar
y la vida vuelve a renacer en nosotros.

Y VOLVÍ AL LUGAR DE REUNIÓN

Hace ya más de cuatro meses que no estás,
una única cosa me faltaba por hacer,
enfrentarme a la cruel realidad.

Padecí contigo tu ingreso hospitalario,
los tres duros meses en que todo
indicaba que nada después de eso
sería igual, yo ya me imaginaba
este duro trance y tu trágico final.

Fui a reunirme contigo y tus familiares,
te compré un ramo que pagamos
mi ex y yo, tú nunca quisiste que
volviese al pasado, y para poder saber
sobre tu estado de salud lo hice.

Sí, volví a hablarme con la persona
que una vez fue para mí tan importante,
para ti fue tu mejor amiga,
pero solo lo hice por teléfono
para poder saber de ti.

Vi tu cuerpo inerte y no pude
retener el sentimiento tan grande
y a la vez tan doloroso.

Eras, eres y serás por siempre
la mejor amiga que pude tener,
por eso hoy me he armado
de un valor extraño,
hoy he ido a ese restaurante
donde tú muchas veces,
habías ido sin ganas,
solo por complacerme.

He entrado por la puerta,
ya notaba tu recuerdo,
he comunicado a nuestra
amiga tu fallecimiento,
ella lo ha lamentado.

Me he sentado en nuestra mesa,
he pedido el menú que tú pedías,
en un momento me ha venido
tu imagen, sentada en tu silla,
me has dicho que todo me irá bien,
de repente desapareces,
me enfrento a la realidad,
termino de cenar, pago, y nuestra
amiga me desea que todo me vaya bien.

YA NO BUSCO

No busco realizar el más bello poema,
solo pretendo acariciar el alma de quien lo lea.

No necesito del uso de métrica
para conseguir la emoción de la otra persona.

No busco ya la mera estética,
escribo por una sola razón
y es expresar que sigo vivo.

Mis versos son irregulares, como todas las vidas.
La forma en la que escribo es la de vaciarme
por dentro, tratando de concentrar mi veneno.

Remuevo sin querer fantasmas del pasado,
alguna conciencia he podido trastornar.

Escribo para poder pensar y a la vez
hacer por pensar a los demás.

Mi escritura es directa, tal y como soy yo,
sin demasiadas florituras,
fresca, joven, valiente, hasta atrevida.

Mis musas son todo lo que me envuelve,
especialmente todas las personas.

Cada poema lleva consigo, algo más que tiempo,
lleva consigo mis sentimientos, emociones y pensamientos.

YO MISMO

Cuanto más insistas en derrotarme,
más insistiré en imponerme.
Siempre me has tenido celos y envidia,
pero yo estoy muy lejos de enfrentarme.

Todo te parece mal en mi persona,
mi carácter, el hecho de que escriba,
todo te parece espantoso y patético,
más yo como un idiota te hago caso.

Quiero dejarte claro como familia mía
que eres, que no cesaré en mi empeño
de ser yo mismo, no aquello que tú querrías
que fuera, pues desparecería mi esencia.

No te das cuenta, pero en vez de hacer
el bien, atormentas mi alma con tus
comentarios, queriéndome hacer más pequeño,
de lo que en realidad soy, más te digo
dos cosas: soy quien soy en parte gracias
a ti, no voy a cambiar solo por tu deseo.